UNE ENFANT DU SACRÉ CŒUR

CLÉMENCE MARTIN

au profit d'une bonne œuvre.

TOULOUSE

PRIVAT, LIBRAIRE-ÉDITEUR

RUE DES TOURNEURS, 45

1886

UNE ENFANT DU SACRÉ CŒUR

—

CLÉMENCE MARTIN

CLÉMENCE MARTIN

Se vend au profit d'une bonne œuvre.

TOULOUSE

ÉDOUARD PRIVAT, LIBRAIRE-ÉDITEUR

45, RUE DES TOURNEURS, 45

1886

QUELQUES SOUVENIRS

NOTRE CHÈRE CLÉMENCE

———

On l'a dit depuis longtemps : La mort est l'écho de la vie..... Le récit des derniers jours de Clémence MARTIN, décédée le 19 mai 1878, est donc le meilleur témoignage rendu à la mémoire de cette angélique enfant dont le souvenir vivra longtemps dans le cœur de ses maîtresses et dans celui de ses compagnes du Sacré-Cœur de Saint-Joseph. Mais avant de relater sa précieuse fin, qui a été pour elle l'heure du triomphe éternel, nous aimons à nous rappeler les douces et modestes vertus qui ont préparé ce dernier jour plein de joie.

C'est la Sainte Vierge qui nous l'avait amenée. Pendant les vacances de 1875, lorsque Mme Martin visitait la maison, avec l'intention de nous confier, à la rentrée, ses trois plus jeunes filles, Clémence s'arrêta émue, subjuguée devant la statue de *Mater admirabilis*; son regard ne pouvait s'en détacher, et après un long moment de recueillement, rejoignant sa mère, elle lui dit avec ardeur : « Oh! je vous en prie, maman, laissez-moi entrer avec mes petites sœurs. » Mme Martin sourit négativement, étonnée de la demande; d'ailleurs sa fille était si raisonnable, si aimable dans la famille que la pensée de l'éloigner du foyer paternel ne venait même pas à ses excellents parents. Mais la Mère admirable voulait l'enrôler dans sa phalange privilégiée, et lorsque, aux jours de parloir, Clémence, venant visiter ses sœurs, voyait la médaille d'enfant de Marie briller sur la poitrine de nos plus grandes élèves, le désir d'obtenir la même faveur devenait plus ardent que jamais. Le jour de l'Immaculée-Conception, voyant entrer dans le salon

une jeune fille, qui, le matin même, s'était
donnée à Marie, et qui portait les vête-
ments blancs d'usage, Clémence n'y tint
plus ; remontant en voiture, elle éclate en
sanglots. Interrogée par sa mère sur la
cause de cette émotion... « Je voudrais être
enfant de Marie, s'écria-t-elle, et les plus
belle étrennes que vous puissez me donner,
ma mère, c'est de me laisser entrer au Sacré-
Cœur au retour de la sortie de janvier. »
Malgré le sacrifice qu'une pareille demande
leur imposait, ses bons parents consentirent à la proposition et se séparèrent avec
peine de leur seconde fille, ne gardant auprès d'eux que l'aînée.

Pressentaient-ils une plus douloureuse
séparation ? Non, car la chère enfant était
alors magnifique de santé, ce qui ajoutait
un charme de plus aux dons extérieurs
vraiment remarquables dont le Seigneur
l'avait douée.

Elle entra à Saint-Joseph, le 4 janvier
1876, âgée de quinze ans moins trois mois,
à cet âge où tant de jeunes personnes ne
rêvent que liberté. La plus grande de toutes nos élèves par sa taille élancée, habi-
tuée à vivre sans assujétissement au milieu

d'une famille dont elle faisait la joie, elle se mit à la pratique du règlement avec une bonne volonté qui fut successivement récompensée par la médaille des Anges, le ruban de mérite, et, enfin, le 31 mai 1877, par la médaille d'Enfant de Marie qu'elle avait si ardemment désirée, faveur qu'elle apprécia bien plus encore que le premier médaillon qui lui fut décerné en dernier lieu. Pieuse comme un ange, la sainte communion faisait ses délices. Lorsqu'on l'interrogeait sur ses rapports avec le bon Dieu, des larmes étaient sa seule réponse. Ces mêmes larmes, effet ordinaire d'une maladie de cœur qu'elle portait en germe et dont on était loin de se douter, devenaient souvent un sujet de plaisanteries de la part de ses compagnes et de ses maîtresses. La chère enfant souriait la première. L'unique défaut que nous ayons pu lui reprocher était cette sensibilité extrême qui la rendait parfois un peu susceptible; encore dans les derniers mois qu'elle passa au Sacré-Cœur avait-elle fini par se surmonter si énergiquement qu'il n'y avait plus lieu de lui adresser ce reproche.

Merveille de grâce, dans notre pauvre

humanité toujours portée à s'exalter, cette enfant, si richement douée sous tous les rapports, car son intelligence égalait ses charmes extérieurs et la bonté de son cœur, semblait seule ignorante des dons de Dieu à son égard. Jamais dans la direction intime de sa conduite morale, on n'eut à la tenir en garde contre la vanité ou la recherche de l'amitié humaine. Bien plus, dans la famille, sa mère devait veiller à ce que son indifférence pour la toilette ne lui fît pas négliger certains détails qu'il convenait d'observer, et lorsqu'on lui objectait qu'elle devait se conformer à l'usage sur tel ou tel point... « Qu'est-ce que cela fait, répondait-elle, si on ne me trouve pas bien, on ne me regardera pas. » Son mépris pour la toilette éclata en une circonstance où les jeunes filles aiment d'ordinaire à briller au milieu de leurs compagnes. Clémence, comme nous l'avons vu plus haut, avait reçu le *premier médaillon* en récompense de son application. Sortie du Sacré-Cœur quelques jours avant la distribution des prix qui se fait à l'époque de Noël, elle ne put recevoir des mains de ses maîtresses ce témoignage de leur satisfaction, mais la maîtresse générale des élèves ne voulant pas priver sa chère Clémence de la petite consolation dont elle aurait pu si justement jouir, confia le médaillon à Mme Martin, en la priant de le lui porter et de le lui laisser durant quelques jours. Trois semaines après, les anciennes élèves ayant été invitées à aller passer quelques jours au Sacré-Cœur pour souhaiter la fête à Mme de Ferry, supérieure de la communauté, Clémence ne fut pas oubliée, et, lorsque, le jour venu, sa mère lui demanda laquelle de ses toilettes elle voulait porter pour cette réunion... « Je n'en veux point d'autre que ma robe de pensionnaire, répondit-elle. Je porterai mon *médaillon* pendant ces trois jours. Il me semblera que je suis redevenue élève du Sacré-Cœur; rien ne pourra me contenter autant. » Et malgré les représentations que put lui faire sa mère pour l'engager à agir en cette circonstance comme tout le monde, rien ne put l'y décider, et elle fit comme elle avait dit. Ses compagnes parurent étonnées, mais elle ne prit même pas la peine d'expliquer sa conduite, tant elle se souciait peu du qu'en dira-t-on.

Ce fut aussi vers cette même époque qu'elle se fit couper les cheveux, qu'elle avait fort beaux, blonds et abondants, parce que, ne pouvant plus les tresser elle-même, elle ne voulait pas que personne lui rendît ce service. Un jour, étant encore élève, la maîtresse générale éveilla son attention du côté de la pureté d'intention journalière et lui demanda si elle agissait pour le bon Dieu. « Je serais bien sotte si je travaillais pour un autre, » s'écria l'enfant avec un tel naturel qu'il révélait une conviction profonde.

Rien ne prouvait mieux ce désir habituel de plaire à Dieu que le soin qu'elle apportait à toutes choses; travaux à l'aiguille, devoirs écrits portaient le cachet de sa constante application; on peut dire qu'elle réussissait en tout sous cet empire ordinaire du Saint-Esprit.

Durant les mois de juin et de juillet qui suivirent sa réception d'enfant de Marie, sa santé, si brillante jusqu'alors, devint moins satisfaisante; ce malaise, croyait-on, ne serait qu'une fatigue momentanée; les vacances le rendirent plus sérieux. Une seule crainte occupait Clémence, celle de ne pouvoir rentrer au Sacré-Cœur et de ne pas faire sa classe supérieure. Au commencement d'octobre, un mieux sensible se manifestant, elle nous revint toute contente et désireuse de travailler avec ardeur. Hélas! le mal devint intense, des crises de palpitations nous donnèrent de graves inquiétudes, la faiblesse se manifestait de plus en plus; mais chaque fois qu'il était question de quitter le Sacré-Cœur, la douleur de la chère enfant était si sincère qu'on évitait d'en venir là. Pourtant, il le fallut faire; une crise plus violente que d'ordinaire fit prendre cette décision dans les premiers jours de décembre, et nous rendîmes, avec grand chagrin, à sa mère, cette intéressante malade si patiente, si douce, dont les aspirations étaient toutes pour le ciel. Elle ne craignait pas de les révéler. A toute proposition de neuvaine pour sa guérison, elle paraissait incrédule. « Vous voulez donc mourir? lui dit-on un jour. — Pourquoi pas, est-ce que ce n'est pas le meilleur sort? » Beaucoup de personnes avaient cru que l'entrée de Clémence au Sacré-Cœur en qualité de pensionnaire était un acheminement vers la vie religieuse. Un jour, dans une causerie intime, sa sœur essaya de découvrir la vérité... Clémence répondit franchement qu'elle n'y pensait pas. « J'estime beaucoup et j'aime les religieuses, dit-elle, cependant je préfèrerais bien, pour ma propre consolation, que tu restes avec moi. Mais puisque le bon Dieu t'appelle à la vie religieuse, j'accepte le sacrifice de la séparation. Quant à moi, il est bien certain que je n'entrerai jamais dans un couvent. — Mais que feras-tu donc, puisque tu ne veux ni te marier, ni te faire religieuse, ni encore moins devenir vieille fille? — Eh bien! j'irai au ciel... c'est ma seule vocation!... » Et c'était vrai.

Du mois de décembre au 16 mai, la maladie de cœur fit des progrès effrayants; le moral de la jeune malade était calme, soumis à la volonté divine; par complaisance pour les siens, elle essayait les remèdes prescrits par le médecin; mais il lui arrivait parfois d'interpréter les prescriptions du médecin de manière à satisfaire sa dévotion pour le sacrement de l'Eucharistie et sa piété filiale envers ses parents.

Un premier dimanche du mois, cher aux

*

associés du Rosaire, Clémence désira aller
entendre la messe dans l'église des Dominicains et y communier. Le temps était
froid et humide, et, d'après le conseil du
médecin, la chère malade ne devait pas
sortir par ce temps-là; mais la pieuse enfant, qui d'ordinaire demeurait au lit jusqu'à une heure avancée de la matinée, se
leva de bonne heure ce jour-là et assura
qu'elle se sentait assez bien pour accomplir
le précepte de l'Église. Ses parents la
voyant si courageuse le pensèrent aussi
(ils étaient si contents lorsqu'ils pouvaient
croire à un mieux dans la santé de leur
chère enfant) et ils consentirent à l'accom-
pagner à la messe de huit heures. Il dut lui
en coûter, car elle, qui n'aimait pas à passer pour malade, consentit à ce qu'une
femme de chambre la précédât avec une
chaufferette, afin de se réchauffer un peu en
arrivant à l'église.

Le médecin avait déclaré que le froid
était tout à fait contraire à la maladie de
Clémence, et il avait conseillé d'entretenir
du feu nuit et jour dans sa chambre pour la
maintenir dans une chaude température.
Elle n'en sortait pas, même pour prendre

ses repas. Il arrivait cependant quelquefois qu'un beau soleil se levait et éclairait la chambre de Clémence ; alors, pour tromper les inquiétudes de ses bons parents, elle assurait qu'elle n'avait pas froid et qu'elle pouvait aller prendre son repas à la table de famille... C'était une joie pour tous. Elle prenait part à la conversation avec son aimable gaieté habituelle et ne souffrait que d'une chose : c'était de ne pouvoir observer le régime du Carême. Elle mangeait, du reste fort peu ; l'alimentation à laquelle elle était condamnée par le médecin contrariait ses goûts. Un jour qu'elle ne touchait pas à un plat qu'on lui avait préparé avec soin, un de ses frères lui dit pour l'encourager à vaincre sa répugnance : « Certes, tu es bien difficile ; je serais bien content d'avoir ce qui paraît te dégoûter. » En disant cela, il fit un mouvement avec sa fourchette comme pour prendre ce qui était sur l'assiette de sa sœur... « Prends garde, John, ne fais pas cela ; tu commettrais un péché... » Obligée par les ordonnances du médecin à ne tenir aucun compte du précepte de l'abstinence, elle ne voulait pas qu'on y manquât autour d'elle sans raison.

Elle avait un grand respect pour les commandements de l'Église et pour les personnes consacrées à Dieu. Elle partageait aussi l'attrait qui portait toute sa famille vers l'Ordre de Saint-Dominique. Elle était heureuse lorsque le T. R. P. Prieur ou quelque autre Religieux venait la voir. Elle ne demandait pas ces visites par discrétion, mais elle les recevait avec reconnaissance et aurait bien désiré qu'elles fussent moins rares.

Un jour, le T. R. P. Cormier vint la voir, et, après quelques minutes de conversation, sa mère lui proposa de profiter de la présence de ce vénéré Père pour recevoir l'absolution. Clémence, qui jusqu'alors avait montré beaucoup de répugnance pour se confesser hors de l'église, accueillit avec joie la proposition de sa mère ; elle exprima seulement le désir de passer avec le Révérend Père dans la chambre de sa mère, contiguë à la sienne, « parce que, dit-elle, les fenêtres sont fermées et il y fait moins jour que dans la mienne. » Elle s'agenouilla sur le prie-Dieu, devant l'autel de la Sainte Vierge, et comme le Très Révérend Père lui offrait de s'asseoir sur un fauteuil qui se trouvait tout auprès, tandis que lui se mettrait à genoux sur le prie-Dieu : « Non, mon Père, répondit-elle, le fauteuil est pour vous, je suis ici à ma place. » Elle ne pensait pas que son état maladif fût capable de la dispenser de se tenir dans la posture humiliée des pénitents. Cette entrevue lui donna de la joie, et sa mère la voyant revenir peu d'instants après toute radieuse en fut bien consolée.

L'occupation préférée de Clémence durant sa maladie était celle qui se rapportait à la décoration des autels et aux œuvres de charité Elle eut à cœur de broder en grande partie une pente d'autel que sa mère voulait offrir à une communauté religieuse pour le reposoir du Jeudi-Saint. Et, tandis qu'elle s'occupait à ce pieux travail, elle semblait ne plus souffrir ; elle aurait voulu y employer toutes ses journées si on l'eût laissé faire.

Des religieuses ayant confié à Mme Martin un coussin qu'on leur avait donné pour le mettre en loterie, Clémence voulut préparer elle-même les séries et les billets. Elle était contente lorsqu'on lui en prenait beaucoup ; mais comme la broderie du coussin n'était pas d'un goût irréprochable, la chère enfant, qui conservait sa douce gaieté, disait parfois en riant à sa mère : « Il ne faut pas trop le montrer, de peur qu'en le voyant on ne veuille plus de mes billets... » La loterie eut un succès inespéré, mais Clémence ne le vit pas...

Toujours aimable envers ceux qui venaient la visiter, mais gardant la meilleure part de son affection pour sa famille, la chère malade ne fermait point non plus l'oreille à la voix qu'elle entendait au fond de son cœur : c'était la voix du divin Maître qui l'appelait à Lui... Remarquant un jour que Mme Martin, en disant les grâces, après les repas, ne faisait pas mention des âmes du Purgatoire, elle lui fit doucement observer que c'est l'usage. « Dans quelque temps, ajouta-t-elle, vous devrez le dire plus que jamais, » faisant ainsi allusion à sa fin prochaine. C'était sa préoccupation ordinaire. « Clémence, tu n'es pas à ta lecture », lui dit une fois sa mère, qui remarquait son air distrait, pendant qu'elle tenait un livre ouvert sur ses genoux. « Oh ! maman, je pensais comme le ciel doit être beau !... Toutes ces Vierges qui suivent l'Agneau...

Quel bonheur quand j'y serai !... » « Pauvres gens, s'écria-t-elle gaiement un autre jour, en parlant des personnes engagées dans le mariage, ils ne chanteront pas le cantique des Vierges ! »

Le Ciel, la béatitude particulière réservée à la Virginité, étaient l'objet de toutes ses pensées. Un secret pressentiment lui faisait-il espérer que la Sainte Vierge, dont elle était l'enfant si aimante et si dévouée, viendrait la chercher pendant le mois qui lui est consacré ; et pour cette raison, voulait-elle, avant de partir pour le Ciel, aller honorer cette Vierge très pure dans un de ses sanctuaires les plus vénérés... ou bien espérait-elle obtenir par ce moyen la guérison tant désirée par ses parents ?... Nous ne savons ; mais la dévotion qu'elle avait toujours eue pour Marie Immaculée lui fit désirer d'entreprendre un pèlerinage à Lourdes. Le médecin consulté approuva le projet, et le jour du départ fut fixé au 21 mai. Clémence l'annonça à sa sœur Marie, postulante depuis un mois chez les Dominicaines de Saint-Maximin, en la priant de s'unir d'intention à son pieux voyage et de joindre ses prières aux siennes pour obtenir la grâce qu'elle allait demander.

Sa foi était assez grande pour obtenir un miracle. Son amour pour notre Mère bénie ne s'était pas démenti pendant sa maladie ; elle fut fidèle à réciter chaque jour son chapelet et certaines prières qui ont pour but d'honorer la Vierge sans tache, et que, parmi les élèves du Sacré-Cœur, on appelle « le tribut à Marie ». « Ce n'est point trop, disait elle, pour obtenir la faveur insigne d'être reçue dans le Ciel par Marie au jour de ma mort ». Ce jour était plus près qu'on ne pensait, et Marie, la Reine des Vierges, dont elle était si désireuse de partager un jour l'heureux sort, lui réservait la faveur qu'elle avait tant espérée : la faveur d'être reçue par Elle dans le Ciel, avant même le jour fixé pour le départ pour Lourdes.

Dans la nuit du mercredi au jeudi 16 mai, Clémence appela sa mère en disant : « J'ai une palpitation qui ne ressemble en rien aux autres ! » Mme Martin, qui depuis quelques semaines passait les nuits sur le canapé dans la chambre de Clémence, afin d'être plus à portée de lui porter prompt secours, fut bientôt auprès du lit de sa chère fille, et lui prodigua les plus tendres soins ; celle-ci demanda de l'eau de Lourdes. « Je vais appeler ton père, reprit la pauvre mère... » « Non, non, dit l'enfant, laissez-le dormir ce bon père. Pourquoi le déranger ; il ne pourrait pas me soulager, et il faut qu'il prenne des forces pour vaquer demain à ses affaires. » Ainsi jusqu'au bout elle se montra oublieuse d'elle-même et préoccupée du bien des autres. Vers le matin, elle parut plus calme, put reposer quelques instants, mais la prostration était profonde. Le docteur, appelé en toute hâte, déclara qu'elle était bien mal et qu'elle ne pouvait aller loin. A partir de ce moment, Clémence devint radieuse, une impression plus céleste que d'ordinaire se répandit sur sa physionomie, elle se mit à parler du Ciel comme un exilé qui touche au terme de ses maux, tout en se préparant à recevoir les derniers sacrements.

Connaissant l'absence du T. R. P. Cormier, prieur des Dominicains, son confesseur ordinaire, elle désigna à sa Mère celui qu'elle désirait pour le remplacer. En effet, quand, à sept heures du soir, dans sa seconde visite, le médecin déclara qu'elle pouvait mourir dans la nuit, le R. P. B*** fut appelé. Il n'eut pas de peine à lui parler du passage suprême; l'annonce de la visite eucharistique de Jésus la plongea dans l'ivresse de l'amour. Ses transports redoublant, il semblait à tous qu'elle devait jouir déjà de quelque vision céleste. C'est alors qu'elle montra toute l'humilité et la droiture de sa belle âme.

Avant de recevoir le saint Viatique, elle voulut demander pardon à toutes les personnes de sa famille, et fit même des excuses à une dame amie qui l'aidait à se préparer au moment suprême; elle la gronda doucement ensuite de ce qu'elle avait pris un détour, le matin, pour parler de confession, ajoutant : « Vous aviez donc peur de « m'effrayer?... Il n'en est rien : je ne chan- « gerais pas ma position pour celle de tous « ceux que je laisse sur la terre. J'ai tou- « jours demandé au bon Dieu de mourir « avant mes parents, sentant que je n'au- « rais pas la force de supporter leur perte. « Je vous prie de consoler ma pauvre ma- « man, ajouta-t-elle, je vous la confie, car « je sais combien elle sera affligée de ma « mort. Mais, je vous en supplie, soutenez-

« la; vous pouvez adoucir son chagrin, je
« compte sur vous. »

Après ces paroles, elle demanda qu'on lui
lavât les pieds, les mains, le visage pour
être aussi pure de corps que d'âme, avant
de s'unir à Celui dont elle désirait ardemment la venue. Vers dix heures, elle reçut
enfin son Dieu dans des sentiments d'allégresse qui allaient croissant, et peu après
le sacrement de l'Extrême-Onction.

Le prêtre qui l'administrait[1] fut telle-
ment touché et émerveillé des saintes dispo-
sitions de la mourante, qu'en retournant à
la paroisse il conjura le divin Maître de lui
accorder un jour la même grâce.

Après un moment d'action de grâces, elle
demanda ses petites sœurs ; l'heure avancée
de la nuit ne permit pas d'aller les chercher
à Saint-Joseph; elle ne put les voir que le
lendemain matin. Mme Martin lui proposa
d'envoyer chercher sa sœur Marie. « Eh
quoi ! ma mère, répondit la chère malade,
« vous reviendriez sur votre sacrifice? Oh !
« non, quoique j'eusse grande joie a revoir

1. M. l'abbé d'Ombras.

« Marie, j'espère que jamais vous ne vous
« mettrez entre ma sœur et la volonté de
« Dieu. »

La nuit entière fut agitée, très mauvaise ;
le cœur de la pauvre enfant battait avec
une telle violence que l'on craignait qu'il ne
brisât son enveloppe. Dans la matinée, son
confesseur vint la revoir, et puisqu'il a bien
voulu communiquer à la famille le récit de
ses impressions sur notre chère Clémence,
laissons-le parler à son tour :

« Je croyais avoir, le premier jour, une
« tâche extrêmement difficile à remplir ;
« et quelle tâche, en effet, d'annoncer à une
« jeune fille de dix-sept ans à peine qu'elle
« n'a plus que quelques heures à vivre et
« qu'il lui faut se préparer immédiatement
« au terrible passage.

« Resté seul avec elle, je me demandais
« comment aborder la question, lorsque, dès
« les premiers mots indirects de ma part,
« elle m'arrêta et me prévint. — Mon Père,
« me dit-elle avec un calme admirable, j'ai
« parfaitement compris, dès ce matin, qu'il y
« a quelque chose de grave ; j'ai entrevu ce
« que l'on n'osait me dire et je me suis prépa-
« rée ; si vous voulez bien entendre ma con-

« fession générale, je suis prête à la faire. »

Cette conversation avait eu lieu le jeudi soir. Comme nous l'avons dit précédemment, le R. P. B*** revint le samedi matin, et parla alors d'un vœu conditionnel pour obtenir la guérison. « J'avais hésité à lui pro-
« poser ce vœu, ajoute le vénérable reli-
« gieux; je m'y décidai cependant, le sa·
« medi matin, et m'approchant de son lit,
« je lui demandai si elle consentirait à de-
« mander sa guérison. Sans hésiter, elle me
« répondit : Oui. Et sur cette réponse, je
« l'engageai à réfléchir encore, à prier, et
« dans le cas où cette disposition persiste-
« rait chez elle, à faire un vœu, soit entre
« les mains de Notre-Dame de Lourdes, soit
« entre celles de notre vénéré Pontife Pie IX
« et à demander cette guérison par l'inter-
« cession de l'un ou de l'autre, selon que
« l'inspiration intérieure le lui suggérerait.
« Il y eut alors un moment de délibération
« intérieure dont elle fit part à sa mère et à
« une autre dame amie de la famille qui ne
« l'avait point quittée d'un instant depuis
« deux jours. Ce fut à ce moment, si mes
« souvenirs sont exacts, que Mme Martin
« s'écria : — Pour notre consolation, mon

« ange... — Quelques instants après, Clé-
« mence me fit connaître, par la dame amie
« dont j'ai parlé, qu'elle demandait sa gué-
« rison par l'intercession de Notre-Dame de
« Lourdes, faisant vœu, si elle l'obtenait, de
« virginité perpétuelle, et promettant de
« consacrer toute sa vie à la pratique des
« œuvres de charité. C'était là précisément
« ce que j'avais en vue pour elle ; mais je
« m'étais imposé de ne point le lui suggé-
« rer. Cependant la couronne était prête
« pour elle, et le divin Maître avait hâte de
« la déposer sur son front. »

Après l'émission de ce vœu, le Révérend
Père proposa à la chère malade de la faire
entrer dans le Tiers-Ordre de Saint-Dominique, afin de participer aux richesses de
grâces accordées à ceux qui en font partie.
Elle accepta cette proposition avec ravisse-
ment. La pensée d'être religieuse avant sa
sœur la fit sourire bien des fois ; elle paraissait heureuse d'usurper le droit d'aînesse
dans la famille dominicaine. La vêture et la
profession se firent simultanément, et elle
reçut le nom de Sœur Colombe ; c'était ex-
primer d'un seul mot la pureté angélique
de cette belle âme.

A partir de ce moment, si heureux pour elle, la nouvelle Tertiaire ne voulut plus entendre parler des choses de la terre ; sa conversation était avec les Anges de Dieu ; sa physionomie, de plus en plus céleste, le disait clairement ; son âme se détachait du créé et goûtait par avance les délices de la bienheureuse Patrie. Malgré la douleur de ses parents, qu'elle cherchait à calmer de temps en temps par des paroles d'allégresse comme celles ci : « Pourquoi pleurez-vous « mon bonheur?... Oh ! que je suis contente ! « Nous nous reverrons au ciel... », elle ne cessait de prier, tenant son crucifix sur son cœur, le portant souvent à ses lèvres ainsi que sa médaille d'Enfant de Marie, et égrenant pieusement son chapelet passé autour de son bras. Ce qui est digne d'admiration, c'est que la douce mourante ne se plaignit jamais. Sur la demande fréquente qu'on lui faisait de ses souffrances : « Non, mère, re-« prenait-elle, je suis heureuse, je ne sens « pas mon mal... Jésus a bien plus souffert ! « Ne vous inquiétez pas... allez vous repo-« ser ; prenez quelque chose... surtout ne « pleurez pas, et soyez résignée à la volonté « de Dieu. » En parlant ainsi, ses traits portaient l'empreinte de la béatitude vers laquelle elle marchait à grands pas.

La journée du samedi fut très pénible ; allant de son lit à son canapé, elle ne pouvait trouver de repos nulle part, son cœur bondissait dans sa poitrine. Vers huit heures du soir, son confesseur et un autre religieux Dominicain vinrent dire les prières des agonisants qu'elle suivit avec une ferveur admirable A dix heures, ses souffrances semblèrent s'apaiser, son cœur battait avec moins de violence, le calme de la mort succédait aux angoisses physiques. Un changement subit s'opérant dans l'état général, elle put parler avec facilité et voulut le faire en présence de tous pour adresser à chacun un dernier adieu et une suprême recommandation. D'abord, elle s'adressa à son père, lui légua son crucifix en lui demandant d'être courageux, ferme dans sa douleur, et rempli d'espérance pour un monde meilleur, où elle allait l'attendre et lui préparer une place.

« Ce fut mon tour, ajoute sa pieuse mère,
« à qui nous devons le récit de ses derniers
« moments, moi qu'elle aimait tant. Ses
« exhortations furent longues, nombreuses,

« fortes comme l'amour qui l'unissait à son
« Dieu et à sa famille. — Aimez Jésus, me
« dit-elle, là vous trouverez le repos, le
« calme; supportez vos peines avec rési-
« gnation. Laissez-moi vous le dire, mère
« chérie, elles ne s'arrêteront pas là; vous
« aurez encore beaucoup à souffrir... Mais
« tenez votre volonté attachée à celle du
« divin Maître. Acceptez les épreuves de
« cette vie... Que vous le vouliez ou non,
« vous devez les subir, faites-le joyeuse-
« ment, courageusement. C'est la voie qui
« vous mènera au ciel, où je vais vous
« attendre. Je prierai bien pour vous. Soyez
« tranquille, mère, je n'emporte aucun re-
« gret de ce monde, celui de vous quitter
« seulement. Je suis bien contente de mou-
« rir la première de la famille; je l'ai tou-
« jours demandé au bon Dieu dans mes
« prières. La mort ne m'effraye pas, elle
« m'attire, elle me séduit. »

Ensuite elle parla longuement à son frère
aîné, mais tout bas, en secret, lui donna
son chapelet, lui recommandant de le dire
chaque jour... Après un moment de ré-
flexion, comprenant que c'était peut-être
trop demander : « Promets-moi, lui dit-elle,

« que tu en diras ce que tu pourras, au
« moins un *Ave Maria*, mais n'y manque
« jamais... » Quand elle s'adressa à son
second frère, ce fut avec l'autorité que lui
donnait sur lui son droit d'aînesse : « Sois
« obéissant à papa, à maman, à tes profes-
« seurs... Prie bien... et sers, aussi souvent
« que tu pourras, la messe, le matin. Je te
« laisse ma médaille d'Enfant de Marie,
« portes-la avec foi et amour, elle te por-
« tera bonheur et te protègera. »

Après un instant de repos, elle parla de
sa sœur Marie, fit généreusement le sacrifice
de ne plus la revoir, disant à sa mère :
« Maman, vous l'embrasserez bien pour
« moi. » Elle eut ensuite un mot d'encou-
ragement et de tendre amitié pour chacune
de ses trois petites sœurs, les pressa longtemps et à plusieurs reprises sur son cœur,
promettant aux deux aînées de demander
pour elles à la sainte Vierge la grâce d'une
bonne première communion. Sa filleule, la
plus petite, surnommée Bijou dans la famille, eut une part plus large dans ses effu-
sions de tendresse; on eût dit qu'elle voulait
lui léguer son cœur. Elle l'exhorta à être
bien sage, bien soumise à ses maîtresses du

Sacré-Cœur, et lui promit de beaucoup prier pour elle au ciel. Ensuite elle désira voir les domestiques pour les encourager dans l'accomplissement de leurs devoirs. Elle leur demanda pardon, et finit, comme toujours, par leur promettre des prières quand elle serait au ciel. Ce mot lui revenait sans cesse sur les lèvres. De temps en temps, on l'entendait s'écrier : « Mon Dieu ! mon « Jésus ! le ciel !... le beau ciel !... je ne « veux que cette demeure... On dit que « c'est difficile de mourir !... oh ! non, que je « suis heureuse ! » Son souvenir se reporta ensuite vers ses maîtresses du Sacré-Cœur qu'elle avait toujours regardées comme des mères. Elle pria Mme Martin de les remercier en son nom, de leur demander pardon, et de donner à trois d'entre elles, qu'elle désigna, une image pour souvenir. Puis vint le tour de ses compagnes et de ses amies ; elle les nomma l'une après l'autre, cherchant dans sa mémoire, et demandant de temps en temps : « Est-ce que je n'ou-« blie personne ? »

Elle recommanda à sa mère de remercier pour elle les bons Pères Dominicains qui l'avaient assistée dans sa maladie, nommant chacun d'eux, faisant remarquer que le révérend Père directeur du Rosaire avait dit vrai, lorsque, lui apportant quelques jours auparavant un diplôme de chef de section, il avait ajouté : « Voilà un passeport pour le ciel ! » Puis elle demanda qu'on fît venir près d'elle le fils d'une ancienne domestique, un enfant de douze ans dont elle s'était souvent occupée pour l'instruire et lui faire du bien : « Pierre, sois sage, lui « dit-elle, aime bien le bon Dieu ! quand je « serai au ciel, je penserai à toi ! » Ces paroles furent prononcées avec un accent tout particulier. Cet enfant, déjà très malade, la suivra-t-il de près ? C'était peut-être sa pensée.

Pendant cet entretien avec tous ceux qu'elle aimait, et qui dura de neuf heures du soir à minuit, elle avait perdu la vue, mais sa présence d'esprit fut imperturbable. Son visage était illuminé, doux. souriant ; on aurait dit qu'elle entrevoyait déjà la demeure céleste.

Sa mère, s'approchant d'elle, lui demanda si elle voyait la sainte Vierge ; la chère mourante se mit à sourire avec une telle expression de béatitude que les assistants demeurèrent convaincus qu'une si grande faveur lui était accordée.

A minuit, la parole devint embarrassée; on n'entendit plus que le nom de Jésus, prononcé suavement et par intervalles. Entre une heure et deux du dimanche, une suffocatiou pénible remplaça le calme du soir, le râle de la mort fit pressentir la dernière heure; elle demeura ainsi en agonie jusqu'à dix heures vingt minutes du matin, mais sans trouble moral, sans anxiété, et, après avoir redit le nom sacré de son divin Epoux, elle passa de la terre à ce beau ciel, objet de ses désirs, pour prendre place dans ce cortège des vierges qui suivent l'Agneau partout où il va.

Oh! oui, revêtue de la blanche robe des filles de saint Dominique, le Rosaire de Marie et l'image de son Dieu crucifié entre les mains, recouverte d'un léger voile de tulle, entourée d'une guirlande de lys, elle était bien la représentation réelle d'une vierge endormie, attendant la venue de l'Epoux..., mais c'était une vierge sage, et l'Epoux étant arrivé, Il la trouva avec sa lampe allumée, et Il l'admit aussitôt dans la salle du festin.

Elle conserva après sa mort son teint blanc, ses lèvres vermeilles et ses fraîches couleurs. Beaucoup d'amis et de connaissances vinrent la voir et prier auprès d'elle. Ils témoignaient ainsi aux parents affligés la part qu'ils prenaient à leur profonde douleur. Les révérends Pères Dominicains vinrent tous deux par deux, à quelques instants d'intervalle, portant chacun une fleur de leur jardin qu'ils déposaient aux pieds de leur sœur envolée avec une prière et une bénédiction.

Le très révérend Père Cormier, absent de Marseille pour les affaires de son Ordre, lorsque Clémence rendit le dernier soupir, arriva à son tour. La soirée était avancée et la foule s'était éloignée. Il put remplir librement auprès de la famille en pleurs les fonctions d'Ange consolateur que Clémence avait semblé vouloir lui confier lorsque, pendant son agonie, elle l'avait appelé plusieurs fois mais en vain.

Nommée Sœur Colombe depuis sa consécration religieuse, elle mourait la veille du jour où la famille de Saint-Dominique fête une jeune vierge portant le même nom, et qui lui avait été donnée à dessein pour patronne en religion.

Aucun autre nom ne convenait mieux à cette angélique enfant, dont il est vrai de dire : « En peu de temps, elle a fourni une « longue carrière. »

Toulouse, imp. Douladoure-Privat, rue Saint-Rome, 39. — 2585